curiosIdades en verso

1.ª edición: enero 2025

© Del texto: Sagrario Pinto y M.ª Isabel Fuentes, 2025
© De la ilustración: Lucía Serrano, 2025
© De las fotografías de los cuadros: Martin, J./Anaya; Steeve-x-art/Alamy/Cordon Press
© Grupo Anaya, S. A., 2025
Valentín Beato, 21. 28037 Madrid
www.anayainfantilyjuvenil.com

ISBN: 978-84-143-4236-7
Depósito legal: M-23379-2024
Impreso en España – *Printed in Spain*

PAPEL DE FIBRA
CERTIFICADA

Sagrario Pinto · M.ª Isabel Fuentes

El arte de pintar

Ilustraciones de Lucía Serrano

ANAYA

Las pinturas más antiguas son las pinturas rupestres que pueden verse en las cuevas, en sus techos y paredes.

Las pinturas rupestres

Representan animales: bisontes, caballos, ciervos..., y a veces también las manos de aquellos que las hicieron.

Arcimboldo hizo retratos de manera divertida mezclando con mucho ingenio flores, frutas y hortalizas.

Giuseppe Arcimboldo

En los rostros, la nariz
podía ser una pera;
una castaña, la boca;
la oreja, una berenjena.

Monet era un gran artista que al aire libre pintaba y atrapaba así la luz con pinceladas y manchas.

Claude Monet

Sus marinas, sus nenúfares,
los paisajes que pintó...
fueron muy originales,
¡causaron gran impresión!

Son sus colores brillantes
y sus pinceladas bailan
en trigales, girasoles
y en una noche estrellada.

Vincent *Van Gogh*

Se retrató muchas veces,
pintó su casa, su cuarto…
Van Gogh era un gran maestro,
aunque apenas vendió un cuadro.

Líneas, figuras y círculos puso Kandinsky en sus cuadros para expresar sentimientos a través del arte abstracto.

Vassily Kandinsky

También amaba la música
y la asociaba a colores.
Con su arte nos transmite
todo un mundo de emociones.

Con las formas más sencillas
y el color más atrevido,
Matisse mostró la belleza
y encontró su propio estilo.

Henri Matisse

Y estando en la cama, enfermo,
logró expresarse también,
creando hermosos *collages*
con tijeras y papel.

¿Solo azul, rojo, amarillo,
líneas negras, zonas blancas?
Sus obras parecen simples...
¡pero atrapan la mirada!

Piet Mondrian

Mondrian refinó su estilo hasta dar con lo esencial y a través de formas rectas buscó equilibrio y verdad.

Con un perfecto dominio
en el arte de pintar,
Picasso regaló al mundo
otra forma de mirar.

Pablo Picasso

En sus cuadros y esculturas
plasmó la paz y la guerra...
Fue un gran genio y con su obra
dejó una profunda huella.

Georgia O'Keeffe quiso ser artista desde pequeña y lo logró con esfuerzo y con su mirada atenta.

Georgia O'keeffe

Pintó unas flores gigantes
que ocupaban todo el lienzo,
y, a menudo, recreó
los paisajes del desierto.

Es Frida Kahlo un ejemplo de lucha y superación, pues consiguió un arte propio al mostrarnos su dolor.

Y a pesar de sufrir mucho,
casi al final de sus días,
en su última pintura
escribió «Viva la vida».

Con la técnica del *dripping* creaba Pollock sus cuadros: grandes lienzos sobre el suelo que pintaba goteando.

Jackson **Pollock**

Remolinos, puntos, chorros,
salpicaduras y manchas
aparecen en sus obras
y atrapan nuestra mirada.

Disfruta con las palabras, desarrolla tu ingenio y tu creatividad a través de rimas sencillas con las que podrás adentrarte en el arte de la pintura.

● ¿Respiras el aire fresco de este cuadro de Monet? Pues pon manos a la obra y haz una versión de él.

Amapolas, alrededores de Argenteuil, 1873.
Claude Monet. Musée d'Orsay, París

1. Pinta primero la hierba,
   y las nubes luminosas.

2. Luego dibuja los árboles,
   la casita, las personas…

3. Después, estampa tu dedo,
   mojado en pintura roja.

4. Y… ¡disfruta la belleza de tu campo de amapolas!

● Con témpera de colores y también un tenedor, crea un girasol muy bello al estilo de Van Gogh.

Haz con unos bastoncillos
los puntitos, de marrón.

Con naranja y amarillo, moja bien
el tenedor. Luego estira la pintura,
para que quede mejor.

Moja en verde tu pincel, úsalo…
¡y se acabó!

Fíjate bien en los círculos de Kandinsky en este cuadro, de diferentes colores y de distintos tamaños. ¿Te recuerdan al espacio? ¡Pues prepárate a imitarlo!

Para hacerlo, necesitas una cartulina negra, cilindros de cartón, tapas, tapones y tapaderas. ¡No te olvides la pintura! Y ahora, estampa, ¡a tu manera!

Several Circles, 1926. Vasily Kandinsky. Solomon R. Guggenheim Museum, Nueva York

Y si quieres hacer *dripping*, al estilo de Pollock, hacerlo de esta manera te divertirá un montón.

1. Primero, busca la tapa, no muy grande, de una caja y coloca en su interior una cartulina blanca.

2. Después, en la cartulina, delicadamente, vierte gotas de pintura de colores diferentes.

3. Luego, pon unas canicas y agita y mueve la tapa. ¡Mira lo que las canicas en su recorrido trazan!